SONIA SOLARTE OREJUELA

# RÜCKKEHR INS PARADIES
# VUELTA AL EDÉN

# edition hic@hoc

Herausgegeben von Helmuth A. Niederle

Band 2

Die Deutsche Nationalbibliothek verzeichnet diese Publikation in der Deutschen Nationalbibliografie; detaillierte Daten sind im Internet über http://dnb.d-nb.de abrufbar.

SONIA SOLARTE OREJUELA

# RÜCKKEHR INS PARADIES
# VUELTA AL EDÉN

ÜBERTRAGEN VON
JUANA UND TOBIAS BURGHARDT
TRADUCCIÓN DE
JUANA Y TOBIAS BURGHARDT

ZEICHNUNGEN
VON CLAUDIA JÄGER
ILUSTRACIONES
DE CLAUDIA JÄGER

MIT EINEM POSTSKRIPTUM
VON HELMUTH A. NIEDERLE
CON UN POSTSKRIPTUM
DE HELMUTH A. NIEDERLE

edition hic@hoc
2010

# INDICE

# INHALTSVERZEICHNIS

Para HAN

Für HAN

## EL CALOR DE LA TERNURA

**1.**

Tiemblan los pergaminos del amor
en la fragancia dulce de las acacias
Un calor abrasador enmaraña los sentidos
incuba huevos engendrados en la oscuridad
El sol abre el abanico de mis sueños
sobre los restos del desvelo
Un ardor invisible
calcina en el suelo hojas sin sombra
El sopor funde el aliento de las cosas


**2.**

Hierve la arena exhibiendo
la orfandad de tus huellas
La soledad acuna mi carne
sin más brújula que el deseo
Vuelve el reloj a marcar
la hora prevista para el reencuentro
Un viento a caballo
me arrastra hacia tu aurora
Tiemblo con tanta piel encendida


**3.**

Desvanecidos los rastros de la tormenta
avanzo descalza sobre conchas
y piedrecitas húmedas
El rumor lejano de tus pasos
guía mi sangre en su caudal enardecido

## DIE WÄRME DER ZÄRTLICHKEIT

1.

Im süßen Duft der Akazien
beben die Papyri der Liebe
Sengende Hitze verwirrt die Sinne
brütet im Dunkeln gezeugte Eier aus
Die Sonne entfaltet den Fächer meiner Träume
über den Resten der Schlaflosigkeit
Unsichtbare Glut
verbrennt schattenlose Blätter auf dem Boden
Die Schläfrigkeit bringt den Atem der Dinge zum
      Schmelzen


2.

Der siedende Sand verweist auf
das Waisentum deiner Spuren
Einsamkeit wiegt mein Fleisch
ohne weitere Orientierung als die Lust
Erneut zeigt die Uhr
die vorhergesehene Zeit des Wiedersehens
Ein reitender Wind
schleppt mich zu deinem Morgen
Soviel entzündete Haut lässt mich erzittern


3.

Die Spuren des Sturms lösen sich auf
barfuss laufe ich
auf Muscheln und feuchten Steinchen
Der ferne Klang deiner Schritte
lenkt den glühenden Strom meines Blutes

4.
El balsámico sudor de tu abrazo
desnuda mi cuerpo
con una tibieza sin nombre
Tu voz vacía las arenas de anhelo
en una placidez callada que sólo escucha mi alma
¡Que siga intacta esta embriaguez sin sombra
anidada en tus fuentes!


5.
El sol escurre su luz
entre hojas de hierba renacida
Una cascada de flores nacaradas
alfombra nuestro nido
En el sopor del mediodía
con brío de bosques en sus alas
arrastradas por la brisa de otras fuentes
retornan las aves migratorias


6.
Siento la sal de tu presencia
en la isla de mis labios
Palpo en tu pecho
el fragor de la arena
ajena al sudor cansado
de otros cuerpos

4.
Der wohlriechende Schweiß deiner Umarmung
entkleidet meinen Körper
mit namenloser Wärme
Deine Stimme leert den Sand des Begehrens
in leiser Wonne die nur meine Seele wahrnimmt
Dieser schattenlose Rausch soll unberührt
an deinen Quellen nisten!


5.
Das Sonnenlicht tropft
zwischen frischen Kräutern
Ein Perlmuttblumenschwall
wärmt den Boden unseres Nestes
Zur Mittagsmüdigkeit
kehren die Zugvögel
mit dem Schwung der Wälder in den Flügeln
in der Brise anderer Quellen wieder


6.
Das Salz deiner Abwesenheit spüre ich
auf der Insel meiner Lippen
Fremd geworden dem müden Schweiß
anderer Körper
berühre ich auf deiner Brust
den tosenden Sand

1.
Pasión de hembra madura
tendida sobre la playa dorada de Exilio
aparejada desnuda sobre arenas sin tiempo
abierta cual mañana al aire nacido de un nuevo día:
la tierra te nutre con semillas dulces
y jugos de los frutos enterrados en sus entrañas
Te quiere ver danzar
con tus caderas ardiendo
ritos de amor
te baña con aguas maternales encendidas
perfuma tu vientre con esencias virginales
refrezca tu lecho con brisas primaverales
y planta a tus pies el corazón del mundo:
en tu carne expande sus auroras


2.
Eres mujer y diosa para Divino
aliento de las aguas que le bautizan
Abrazado a tu seno enciendes la llama
que consume las memorias de sus vidas muertas
Hombre desnudo aparejado en tus fuentes
al enfrentar tus ráfagas
alza victorioso su arma de fuego
Abierta al fragor de su ternura
consagras a tu dios el nido de tu vientre
altar de iniciaciones sempiternas

HINGABE I

1.
Die reife weibliche Leidenschaft
liegt auf dem goldgelben Strand des Exils
nackt geschmückt auf zeitlosem Sand
offen wie der Morgen zur Luft die ein neuer Tag gebar:
die Erde nährt dich mit süßen Samen
und Säften von in ihr vergrabenen Früchten
Sie will dich tanzen sehen
mit deinen rasenden Hüften
Liebesbräuche
Sie badet dich in feurigen mütterlichen Gewässern
parfümiert deinen Bauch mit jungfräulichen Ölen
lüftet dein Bett im Frühlingswind
und pflanzt zu deinen Füßen das Herz der Welt:
ihre Morgenröte breitet sie in deinem Fleisch aus


2.
Du bist Frau und Göttin für den Göttlichen
Hauch der Gewässer die ihn taufen
Er liegt an deiner Brust und du entfachst die Flamme
die das Gedächtnis an seine toten Leben verzehrt
Nackter Mann der deine Quellen säumt
wenn er sich deinen Böen stellt
hebt er siegreich seine Feuerwaffe
Offen der Flut seiner Zärtlichkeit
widmest du deinem Gott das Nest deines Schoßes
den Altar unvergänglicher Einweihungen

3.
Ante Divino tu faz es de luz
y resplandece en la noche
con brillo de mar en luna
Sus besos y los jugos de su lengua
te ofrendan la miel de su corazón
con pasión florecida y feliz
Al inclinarse en tu regazo
tiemblan y se alzan tus caderas
como olas encrespando al mar
Amor comulga en tu fuente
embriagado retorna a tu boca
perfumado con las esencias de tu sangre
Cuando cierras el redondel de tus piernas
te fundes en su vuelo
el estremecimiento de las olas
y la fuerza del mar
penetran tus playas
No es necesario más vivir en sueños:
el instante preña con espíritu la carne
en una certeza irrebatible

3.
Vor dem Göttlichen ist dein Antlitz aus Licht
und erstrahlt in der Nacht
mit dem Glanz des mondbeschienenen Meeres
Seine Küsse und die Säfte seiner Zunge
bieten dir den Wabenhonig seines Herzens
mit fröhlich blühender Leidenschaft
Wenn er sich in deinen Schoß versenkt
zittern und erheben sich deine Hüften
wie Wellen die das Meer aufwühlen
Amor vereint sich an deiner Quelle
berauscht kehrt er zu deinem Mund zurück
mit dem Duft deiner Blutessenzen
Wenn du die Rundung deiner Beine schließt
schmilzt in seinem Flug
das Erschaudern der Wellen
und die Meereskraft
dringen in deinen Strand
Nicht weiter nötig in Träumen zu leben:
der Augenblick schwängert das Fleisch mit Geist
in unerschütterlicher Gewissheit

HINGABE II

1.
Tu cuerpo barca blanda
me transporta a la otra orilla de mi ser
sobre el oleaje azul de la pasión
Te ofrezco mis senos
como racimo de uvas maduras
Enciendes con el fuego de tus manos mi cintura
Todo es sublime en nuestra entrega


2.
Abono con espasmos de placer
la tierra donde prenden
las semillas de todas tus victorias
Palpas sin apremio en mi vientre
los vestigios de tu exilio del paraíso


3.
Mi vientre es el nido de la mariposa
mudas de rostro al sentir el temblor de sus alas
le ofreces tu aliento y tus besos
como plataforma para el vuelo
Ella guarda tus memorias

HINGABE II

1.
Dein Körper ein weicher Kahn
bringt mich an das andere Ufer meines Wesens
auf dem blauen Wellengang der Leidenschaft
Ich biete dir meine Brüste
wie reife Trauben
Du entzündest mein Becken mit dem Feuer deiner
   Hände
Alles ist erhaben bei unserer Hingabe


2.
Mit den Zuckungen der Wonne dünge ich
die Erde in der die Samen
all deiner Siege aufkeimen
Gelassen berührst du in meinem Schoß
die letzten Erinnerungen deines Exils vom Paradies


3.
Mein Schoß ist das Nest des Schmetterlings
sobald du das Erzittern seiner Flügel spürst verändert
   sich dein Gesicht
bietest ihm deinen Hauch und deine Küsse
als Abflugrampe
Er bewahrt dein Gedächtnis

UNIDAD

En la inspiración serena de los arreboles felices
amada hasta la médula de mi esencia espiritual
mi piel canta
todo mi cuerpo se abre
a la penetración de Amor
a su ferviente levadura enternecida
y su abrazo que me transporta
a las regiones ignotas del placer más puro

Amor está aquí
yo le canto
le respiro
nazco en él
me fundo a su aliento
con la inocencia de mariposas
que recogen el polen embelesadas

Amor penetra mi carne
con la seguridad de quien explora
un terreno en flor
y liba en él la miel más dulce

Yo le invito a bailar
le tiendo los brazos
para que cargue a mi niña
que no se cansa de besarle y reir
mientras susurra frasecitas amorosas incompletas
en un murmullo de aguas encendidas

Amor ama ser hombre
y estar fundido a los ciclos
de mi naturaleza de mujer

Amor conoce los tiempos de mi sangre
y siente palpitar en ella su propia vida

EINHEIT

In der ruhigen Begeisterung der glücklichen Röte
geliebt bis ins Mark meines geistigen Wesens
singt meine Haut
mein ganzer Leib öffnet sich
dem Eindringen Amors
seiner zärtlich hitzigen Hefe
und seiner Umarmung die mich
in unbekannte Sphären der reinsten Wonne versetzt

Amor ist hier
ich besinge ihn
atme ihn
werde in ihm
schmelze in seinem Atem
in der Unschuld der Schmetterlinge
die verzückt den Blütenstaub sammeln

Amor dringt in mein Fleisch
mit der Sicherheit derer
die ein blühendes Gebiet erkunden
und nascht dort den süßesten Honig

Zum Tanz lade ich ihn ein
reiche ihm die Arme
damit er mein Mädchen trägt
das nicht müde wird ihn zu küssen und zu lachen
während es bezaubernde unvollständige Sätzchen flüstert
wie entflammtes Wasserplätschern

Amor liebt es ein Mann
und an die Zeitenkreise
meiner Weiblichkeit geschweißt zu sein

Amor kennt die Zeiten meines Blutes
und spürt darin
sein eigenes Leben pochen

## HINGABE III

**1.**

Posa en mí tu estertor de hombre
que abatan tus flancos mis portillos
y tu cuerpo sea fuente de mansedumbre
oficiando los ritos de Amor

**2.**

La tarde abre en mi cuerpo otros senderos
te alumbra con luz que irradia mi corazón
¡Toma mis senos en tus manos puras
acarícialos con tu prístina mirada!
La rosa del deseo perfuma mi cuerpo
te embriaga con humores primaverales
¡Qué dulzura hallo en ti en la entrega!

**3.**

El brebaje de mi vientre endulzará tus horas en la
   ausencia
Seré entre la selva de tus visiones el faro que acoge tus
   tesoros
Tu dios es mi dios y nos une en la tibieza de un despertar
   sin tinieblas
nos alimenta con frutos no gozados aún
desconocidos en todas las tierras
Este dios, el nuestro, ampara el amor que ruge en
   nuestros cuerpos
sabe cuánto nos duele el exilio
nos ofrece barcas para navegar en mares profundos
en ruta hacia el puerto final

**4.**

Escucho en tu corazón
una legión rumorosa de ídolos atardecidos
Mudas de rostro conmovido por el infinito palpitar

1.

Auf mir ruht dein männliches Seufzen
da deine Lende meine Durchgänge aufreißt
auf dass dein Leib zur Quelle der Sanftmut werde
wenn er Amors Riten huldigt

2.

Der Nachmittag öffnet in meinem Körper andere Pfade
er leuchtet für dich mit dem Licht meines Herzens
Nimm meine Brüste in deine reinen Hände
Streichele sie mit deinem unschuldigen Blick!
Die Rose der Lust lässt meinen Körper herrlich duften
berauscht dich mit Frühlingslaunen
Welche Süße finde ich in dir bei der Hingabe!

3.

Der Trunk meines Schoßes wird deine abwesende Zeit
     versüßen
Ich werde im Urwald deiner Blicke der Leuchtturm sein
     der deine Schätze empfängt
Dein Gott ist mein Gott der uns in der Wärme ungetrübten
     Erwachens vereint
er nährt uns mit Früchten von denen wir noch nie kosteten
     unbekannt auf Erden
Dieser unser Gott beschützt die Liebe die in unseren
     Körpern brüllt
er weiß wie sehr uns das Exil schmerzt
und bietet uns Kähne um die Tiefsee zu befahren
um den letzten Hafen zu erreichen

4.

Ich höre eine laute Heerschar
dämmernder Idole in deinem Herzen
Erregt vom endlosen Pochen unserer verschmolzenen
     Körper

de nuestros cuerpos fundidos
Nuestra alianza fortifica la bravura de tu pecho
Es así no más como acontecen los milagros:
en el tranquilo fraguar de los instantes


5.

Me tiendo a contemplarte sobre los prados del crepúsculo
Eres horizonte de bronce curtido y piel
Tu olor me embriaga en esta comarca que inventamos
        para jugar a solas
Cazaré tus bestias sin herirlas. Dispondrás de ellas
cuando necesites probar tus fuerzas en nuevos combates


6.

El deseo nos concede sus anillos de oro. Un ave negra y
        blanca
entierra su vuelo en nuestros corazones fundidos
mientras el barquero entona
una canción para nuestros oídos y pasa a la otra orilla
como un fantasma acariciado por las olas
¡Cúbreme con un esplendor sin celdas!


7.

Nos ata un divagar entre sombras sin venganza
el trajinar con la esperanza
el furtivo aletear de las nubes que amparan nuestro cielo
Eleva en ti mis ofrendas
consúmelas desnudo de arreboles
acariciado por la espuma de mis manos
Reconoce el paso marítimo de mis luciérnagas
Mi cuerpo de oro madura sobre las arenas

änderst du dein Gesicht
Unsere Vereinigung stärkt die Kühnheit in deiner Brust
Einfach so geschehen die Wunder:
in der ruhigen Schmiede der Augenblicke

5.
Ich bette mich auf die Wiese der Morgenröte um dich zu
        betrachten
Du bist der Horizont aus tiefbräunlicher Bronze und Haut
Dein Geruch berauscht mich an diesem Ort den wir
        erfanden um untereinander zu spielen
Ich fange deine Bestien ohne sie zu verwunden. Du wirst
        über sie verfügen
wenn du deine Kräfte in neuen Kämpfen erproben
        möchtest

6.
Die Lust gewährt uns ihre goldenen Ringe. Ein
        schwarzweißer Vogel
begräbt seinen Flug in unsere verschmolzenen Herzen
während der Fährmann ein Lied
für unsere Ohren anstimmt und zum anderen Ufer
        übersetzt
wie ein Trugbild das die Wellen streicheln
Bedecke mich mit einem kerkerlosen Glanz!

7.
Uns bindet ein Wandeln in rachelosen Schatten
der Umgang mit der Hoffnung
der heimliche Flügelschlag der Wolken die unseren
        Himmel beschützen
Erhebe meine Gaben in dir
verzehre sie der Röte entblößt
und gestreichelt vom Schaum meiner Hände
Erkenne den Seeweg meiner Leuchtkäfer
Mein goldener Körper reift auf dem Sand
8.

8.

Te invento, amado, cuando percibo la gloria
y te ofrezco asistir al parto de mis lumbres
· ¡Clamor así preñado de augurios estivales!
¡Lanzas de fuego y lumbre hendiendo los cielos!
No vendes más tus ojos a la claridad de mis lunas
He firmado esta tarde otro pacto con tu frente
cifrado su dulzura para que sólo estremezca tu corazón
Tienes la llave del cofre donde deposito esta ofrenda
Pavos reales cortejan el tributo


9.

Ordena mis pasiones. Rastrea tu estrella entre mis signos
Vaga, olfateador de rarezas, entre mis resinas
¡Prefiero que me ampares desnuda adorado esplendor!
Las nubes reflejan en el agua rutas paralelas
Difumina como ellas en mis espejos tus cauces
Vénceme en la victoria
cuando el grito de la hembra en mí
te despierte


10.

Bebiste mi sangre y no hubo forma de calmar
mi fiebre morada por tu delirio
¿Quién más que tú conoce el testimonio de mis lágrimas
        de amor?
¿A quién estremecieron más que a ti
mis éxtasis en las danzas de la carne?
¡Que tus ráfagas abismen mis jardines en flor!

8.

Geliebter, ich erfinde dich, wenn ich Freude verspüre
und ich lade dich ein der Geburt meiner Gluten
      beizuwohnen
Von sommerlichen Vorzeichen geschwängerter Aufschrei!
Lanzen aus Glut und Feuer ritzen den Himmel!
Verdecke nicht mehr deine Augen vor der Helligkeit
      meiner Monde
An diesem Nachmittag unterschrieb ich noch ein Bündnis
      mit deiner Stirn
verschlüsselte seine Milde damit nur dein Herz berührt
      wird
Du hast den Schlüssel zur Schatulle in die ich diese Gabe
      lege
Pfaue umwerben den Tribut


9.

Ordne meine Leidenschaften. Erforsche deinen Stern
      zwischen meinen Zeichen
Wandle, Witterer der Seltenheiten, zwischen meinen
      Harzen
Umarme mich lieber nackt angebeteter Glanz!
Die Wolken spiegeln gleichlaufende Wege auf dem Wasser
Verwische wie sie deine Bahnen in meinen Spiegeln
Überwältige mich im Sieg
wenn der Schrei des Weibes in mir
dich aufweckt


10.

Du trankst mein Blut und es war aussichtslos
mein von deinem Wahn eingenommenes Fieber zu
      senken
Wer außer dir kennt die Erklärung meiner Liebestränen?
Wen berühren mehr als dich
meine Verzückungen in den Tänzen der Fleischeslust?
In meine blühenden Gärten sollen deine Böen versinken!

11.
Consumido el aceite de las lámparas
en esta nuestra intimidad sagrada
se completan las estaciones de tus horas
anclado en mí mundo

11.
Wenn das Lampenöl
unserer heiligen Zweisamkeit verbraucht ist
erfüllen sich die Kreise deiner Stunden
während du in meiner Welt ankerst.

HINGABE IV

1.

Tiembla la llama en el sueño de las cosas
nace desbordada la noche
su luna alumbra recónditos subterráneos
donde se congregan bestias mansas
a jugar rondas salvajes
Habitada por amaneceres y fiebres ciegas
refugiado en tu semblante
el extraño resplandor de las flores
mañana no vendrás a buscarme
te escurrirás envuelto en la neblina
que apagará el rumor de tus pasos
No sentirás rodar mis lágrimas
ni podrás sorberlas
en un beso


2.

He palpado en ti el nombre de las cosas
aunque esquive el pronunciarlas
El incienso de mis ojos
aroma el altar profanado
Hueles a salvia y mirto, tú, El Ausente
eres pluma del ave que agita sus alas en mi corazón
Y tu oscuridad es mi luz
si tu bondad me acaricia

1.

Die Flamme lodert im Traum der Dinge
uferlos entspringt die Nacht
ihr Mond beleuchtet tiefe Höhlen
in denen sich zahme Bestien versammeln
um wild im Reigen zu spielen
Bewohnt von Morgenröte und blindem Fieber
verborgen in deinem Antlitz
der seltsame Blumenglanz
morgen wirst du mich nicht abholen
du wirst im Nebel verschwinden
der den Hall deiner Schritte dämpft
Du wirst nicht spüren wie meine Tränen fallen
und sie nicht mit einem Kuss
aufnehmen können


2.

Ich ertastete an dir den Namen der Dinge
obwohl ich ihre Aussprache vermeide
Der Weihrauch meiner Augen
umhüllt den entweihten Altar mit Wohlgeruch
Du duftest nach Salbei und Myrte, du, Der Abwesende
bist Feder des Vogels der seine Flügel in meinem
        Herzen schlägt
Und deine Dunkelheit ist mein Licht
wenn mich deine Herzlichkeit streichelt

3.

Amor
el desierto enterró ya sus víboras
Vuelve los pasos
en pos del canto que sólo tu alma escucha
Inunda mis playas
Arremete como el mar contra los altos arrecifes
Plasma tu fuerza en el oleaje que me alberga
Déjame incoercible dilatar en ti mis anillos de luz
y ser el ojo de tu corazón
cómplice en libertad de tus desvelos marítimos
Soy tu norte y te espero ardiendo
en la llama de los recuerdos


4.

Los templos están cerrados
El cielo te señala otros caminos
Partir, huir ¿tu vida es eso?
Recuerda: a muchos les aterra la soledad del peregrino
y le niegan la morada a su cansancio
No perturbes el ritual de las ofensas
ni participes en él
Aguarda...
los cofres con tesoros de otros tiempos
amparan aún la copa del brindis
En mi cuerpo
todos los portales
están abiertos


5.

Arrastrada por algas insumisas
no seré tu víctima en aguas doradas
aunque perturbe tu silencio las ofrendas
Estoy preparada para asirme al viento
y lavar las heridas de tu corazón
en manantiales lúbricos

3.
Amor
schon begrub die Wüste ihre Schlagen
Kehre um
für den Gesang den nur deine Seele hört
Überflute meine Strände
Stürme wie das Meer gegen die hohen Felsenriffe
Binde deine Kraft im Wellengang der mich trägt
Lass mich unbeugsam meine Ringe aus Licht in dir weiten
und das Auge deines Herzens sein
freie Gespielin deiner Schlaflosigkeit auf See
Ich bin dein Ziel und erwarte dich brennend
in der Flamme der Erinnerungen


4.
Die Tempel sind verschlossen
Andere Wege weist dir der Himmel
Aufbrechen, fliehen: Ist das dein Leben?
Merke, viele verängstigt die Einsamkeit des Pilgers
und sie verweigern seiner Müdigkeit die Unterkunft
Störe nicht die Bräuche ihrer Schmähungen
und beteilige dich nicht daran
Warte…
Die Schatullen mit Schätzen anderer Zeiten
bergen noch den Kelch des Trinkspruchs
In meinem Körper
stehen alle Pforten
offen


5.
Im Schlepptau unnachgiebiger Algen
werde ich nicht dein Opfer in goldenen Gewässern sein
obgleich deine Stille die Gaben stört
Bereit bin ich mich an den Wind zu klammern
und die Wunden deines Herzens
an schlüpfrigen Quellen auszuwaschen

6.

El júbilo del alma lo siente la carne
Amor se complace arrastrando frágiles navíos
hacia confines sin puerto
Yergue tu cuerpo frente a nuestro dios
déjate acariciar por sus fulgores
enhebra tu aliento al suyo
Sentirás en esa ola de tiempo
latir junto al tuyo
mi corazón

6.

Das Fleisch verspürt das Frohlocken der Seele
Amor begnügt sich zerbrechliche Schiffe
in hafenlose Fernen zu ziehen
Erhebe deinen Körper vor unserem Gott
lass dich von seinen Strahlen streicheln
verwebe deinen Hauch mit seinem
Du wirst in dieser Zeitwoge spüren
wie mein Herz
mit deinem schlägt

## JÚBILO

Júbilo extiende sobre mi cuerpo ropajes de seda brillante
me ofrece una ebriedad sin sombras
al borde de una alborada inmaculada
Desbordado Amor en el arrobo de las horas
tiende en torno a mí los colores de la diosa
su boca desata la túnica de pasión
¡Ventura del cuerpo soberano!
¡Ventura de Mar con sus bocas tempetuosas!

JUBEL

Jubel breitet glänzende Seidenkleider über meinen
    Körper aus
und bietet mir am Rande eines vollkommenen
    Sonnenaufgangs
eine schattenlose Trunkenheit
Überflutet in der Verzückung der Stunden
breitet Amor die Farben der Göttin um mich aus
sein Mund entknotet den Umhang meiner Leidenschaft
Geschick des erhabenen Körpers!
Geschick des Meeres mit seinen stürmischen Mündern!

HINGABE V

1.
Desatadas las riendas de los caballos de la pasión
montados a pelo en sus torsos...
¿hay un acantilado para esta tempestad venturosa?
Se encrespa el palpitar de la sangre
rinde homenaje al clamor del viento
No hay más sed que en tus orillas
ni más luz

2.
Gaviotas como ángeles
vuelan alrededor de nuestra llama
cuando el placer nos reinventa
y extasiados ardemos sobre las arenas del tiempo
¡Cuánto cielo hay en tus ojos
y espuma de mar en nuestra unión!

3.
Sobre las aguas se fugan espasmos de Amor
Con bravura de mar en calma
acantilada en tu corazón
¡cuánta voz desatada en nuestra entrega!
Divino: nos congregan dioses jubilosos
a lanzarnos en la corriente de sus designios
Sigamos su guía y nada nos vencerá
Nuestros cuerpos fundidos
son motivo del festín celeste

4.
El calor de nuestra lumbre
derrite el hielo de las horas muertas
Vierte y derrama tus jugos
en mi tierra anegada
aquella que te fue prometida
cuando andabas perdido por el mundo

Hingabe V

1.

Entfesselt sind die Zügel der Pferde der Leidenschaft
reiten wir sattellos auf ihren Körpern
gibt es eine Klippe für diesen schicksalhaften Sturm?
Das Pochen des Blutes wird erregt
und huldigt dem Aufschrei des Windes
Es gibt keinen anderen Durst als an deinen Ufern
und auch kein anderes Licht

2.

Gleich Engel umfliegen Möwen
unsere Flamme
wenn uns die Lust neu erfindet
und wir wonnetrunken auf dem Sand der Zeit glühen
Wie viel Himmel gibt es in deinen Augen
und Gischt in unserer Vereinigung?

3.

Auf den Gewässern verfliegen Amors Zuckungen
Mit der Entschlossenheit des Meeres bei Flaute
die in deinem Herzen gründet
Wie viel entfesselte Stimme in unserer Hingabe!
Göttlicher, uns vereinen frohlockende Götter
um uns in den Sog ihrer Vorhaben zu stürzen
Folgen wir ihnen und nichts wird uns besiegen
Unsere verschmolzenen Körper
sind Anlass für die himmlische Feier

4.

Die Hitze unserer Glut
schmilzt das Eis der toten Stunden
Gieße und verströme deine Säfte
auf meiner überschwemmten Erde
jene die dir versprochen wurde
als du verloren durch die Welt liefst

## QUIETUD

El sol de mi pasión
conduce tu sed a la fuente de mi cuerpo
Aves anidadas en mi vientre
se congregan para que vueles
y venzas la muerte
en una marcha quieta en mi interior

Amor te despertó en mis brazos
cuando el coro del tiempo amenizaba tempestades
Dejaste atrás otros delirios
para encubarte en los territorios de mi fiebre
No tenías más destino con flores
que el olor de mi cuerpo

En el preludio dudé
y tuve muchos más pesares
La llama de nuestra pasión
incendió los pilares donde apoyaba mis miserias

Un pavor sagrado anestesió mis movimientos
ante un cielo que prometía el no retorno
cerrar al fin el círculo y arrastrarme
a una dimensión sin horas

¡Cuántas veces llegaron a nuestros labios
palabras que nos envolvían en aires dulces
y confirmaban nuestro arrobo!

Sí, nos habíamos encontrado
porque nos perdimos en otras sendas
pasaron vidas antes de estar así tan entregados
tan fundidos en la misma tierra
en libertad consagrados a cumplir
la misma condena

RUHE

Die Sonne meiner Leidenschaft
führt deinen Durst an die Quelle meines Körpers
In meinem Schoß eingenistete Vögel
versammeln sich auf dass du fliegen mögest
und den Tod
friedlich in meinem Innern voranschreitend besiegst

Amor weckte dich in meinen Armen
als der Gezeitenchor die Stürme lauschig machte
Du hast andere Wahnbildern hinter dir gelassen
um dich in den Bereichen meines Fiebers festzusetzen
Kein weiteres Ziel mit Blumen hattest du
als den Duft meines Körpers

Beim Vorspiel zögerte ich
und hatte noch viel mehr Kummer
Die Flamme unserer Leidenschaft
entzündete die Pfeiler auf die ich meine Armseligkeiten
        stützte

Eine heilige Furcht lähmte meine Regungen
angesichts eines Himmels der die Nichtwiederkehr
        versprach
endlich den Kreis schließen
und in eine zeitlose Dimension kriechen

Wie oft erreichten unsere Lippen
Wörter die uns mit süßen Brisen umgarnten
und unsere Verzückung verstärkten

Ja, wir fanden uns
weil wir uns auf anderen Pfaden verloren hatten
es vergingen Leben bevor wir an die gleiche Erde
so inniglich verbunden derart verschmolzen waren
dazu erkoren
die gleiche Strafe frei zu verbüßen

## TEMBLOR

Acojo las caricias que anhelas
cada beso que envías
en un suspiro a mi corazón
Te espero temblando
el calor de tu recuerdo

BEBEN

In meinem Herzen empfange ich
deine ersehnten Zärtlichkeiten
jeden Kuss den du mir zuhauchst
Ich erwarte dich bebend
deine Erinnerung voller Wärme

## HINGABE VI

1.

No temas que nombre lo que no quieres escuchar
aunque alcances a captar en mi silencio
lo que aún no sabes y yo sólo presiento
La plenitud es nuestra
si descansas sobre mi cuerpo
como sobre tiernas arenas


2.

Amado
 nos pertenecemos como los árboles al bosque
como una piedra enterrada en sus profundidades al mar
Acaricio tu piel en el nocturno devenir de las horas
con un fuego sin cenizas

3.

Mi ser ligado a olas
que humedecen tus arenas
abierto a los vientos
a las tempestades
a la calma
al alborozo de la vida
es feliz sin apelaciones
Mi ser es el cielo
que ampara tus cumbres

4.

Alumbrada en ti
soy lumbre de cielo y tierra
lumbre de luceros encendidos
lumbre de canto y verbo
lumbre viva

HINGABE VI

1.
Fürchte nicht dass ich benenne was du nicht hören
        willst
obgleich du in meinem Schweigen erkennen kannst
was du noch nicht weißt und ich nur ahne
Die Erfüllung gehört uns
wenn du dich auf meinem Körper
wie auf weichem Sand ausruhst

2.
Geliebter
wir gehören einander wie die Bäume und der Wald
wie das Meer und ein in seinen Tiefen versenkter Stein
Ich streichle deine Haut im nächtlichen Verlauf der
        Stunden
mit einem Feuer ohne Asche

3.
Mein Wesen verbunden mit den Wellen
die deine Sandstrände benetzen
offen zum Wind
zu den Stürmen
zur Stille
zur Freude des Lebens
ist ohne Wenn und Aber glücklich
Mein Wesen ist der Himmel
der deine Gipfel beschützt

4.
In deinem Licht
bin ich Glut von Himmel und Erde
Glut entfachter Sterne
Glut aus Gesang und Wort
brennende Glut

5.
He aquí la fiebre que retorna
y germina mis ciclos de mujer
una completud con el sello de Amor
impreso en su corriente venturosa

6.
Tus ojos son lámparas:
alumbran sus destellos
los caminos del anhelo
El pan de tu ternura es mi alimento
No hay más gloria que en la magia de tus besos

7.
Te elijo entonces a ti: El Único
Cada palpitar de mi corazón
expande en ti mi fuego
y no hay más frío

5.
Hier ist das wiederkehrende Fieber
und meine Frauenzyklen entwachsen
einem Ganzen mit Amors Stempel
auf ihre glückselige Strömung geprägt

6.
Deine Augen sind Laternen:
ihr Flackern erleuchten
die Wege des Begehrens
Das Brot deiner Zärtlichkeit ist meine Speise
Es gibt kein anderes Entzücken als den Zauber deiner
        Küsse

7.
Dann erwähle ich dich: Den Einzigen
Jeder meiner Herzschläge
verbreitet in dir mein Feuer
nun gibt es keine Kälte mehr

## HINGABE VII

### 1.

Imprimo el sello de mi aliento en tu carne
Entra a ese otro mundo que te ofrezco
Recomienza el ciclo que esta vez tendrá un fin:
sentirás claro en la materia el palpitar del espíritu
sabrás que todo tu anhelo está ligado a mis fuentes
Inspira mis esencias, mis resinas
los sahumerios de mi cuerpo
Consume mi cáliz y vuelve casto a mis playas
Sube a lo alto de la cima que te señala mi deseo
Encontrarás allí tu talla de hombre:
reconocerás por fin en ti tu dios

### 2.

Campanas rompen en sollozos metálicos el silencio
Un relinchar de caballos salvajes asordan las olas
Derramado el clamor de mi corazón
el ala dorada de la tarde
cierra su plumaje sobre las tibias arenas
Ondas de placer intensifican
el fuego desnudo de tus caricias
Bebes la espuma silvestre de mi vientre
dulce como el alba
Mis frutos maduran
con el lechoso sudor de tu lumbre
Sé que este mar nos besará en otras playas

HINGABE VII

1.

Auf dein Fleisch setze ich den Stempel meines Atems
Komm in diese andere Welt die ich dir biete
Nimm den Zyklus der diesmal ein Ende hat wieder auf:
klar wirst du den Puls des Geistes in der Materie sehen
und wissen dass an meinen Quellen dein ganzes
      Begehren liegt
Atme meine Düfte, meine Harze
das Räucherwerk meines Körpers ein
Leere meinen Kelch und kehre keusch an meine Strände
      zurück
Erklimme den hohen Gipfel auf den mein Begehren deutet
Dort wirst du deine männliche Erscheinung finden:
endlich in dir deinen Gott erkennen.

2.

Glocken durchbrechen die Stille mit metallischem
      Schluchzen
Das Wiehern wilder Pferde übertönt die Wellen
Ist der Aufschrei meines Herzens verklungen
schließt der goldene Flügel des Nachmittags
sein Federkleid auf dem warmen Sand
Wonnewogen entfachen
das nackte Feuer deiner Liebkosungen
Du labst dich am wilden Schaum meines Schoßes
süß wie die Morgensonne
Meine Früchte reifen
mit dem milchigen Schweiß deiner Glut
Ich weiß dieses Meer wird uns an anderen Stränden
      küssen

## INOCENCIA

Mi cuerpo, tierra fecunda, aguarda tus riegos
La Amante marcha con mi destino
hacia el horizonte donde derramas tu luz
No temas: el sol que alumbra
las rutas del deseo
no calcinará en la espera mis flores
No temas nada

UNSCHULD

Mein Körper, fruchtbare Erde, wartet auf deinen Tau
Die Geliebte schreitet mit meinem Schicksal
zum Horizont an dem du dein Licht verströmst
Fürchte dich nicht: die über
deinen Wegen des Begehrens
leuchtende Sonne
wird meine Blumen beim Warten nicht ausdörren
Fürchte nichts

## IDENTIDAD

Bebe los jugos de mi sexo
sediento de orígenes
y penetra mi destino
Hallarás
tu verdadero rostro
en sus espejos

IDENTITÄT

Schlürfe die Säfte meines Geschlechts
durstig nach Ursprüngen
dringe in meine Bestimmung.
Du wirst dein wahres Gesicht
in seinem Spiegel
finden

HINGABE VIII

1.
Aguas del bautismo
señalan las rutas del rayo
mecen las canoas del futuro
lavan la memoria de todos los naufragios
de mis células agitadas en sombra

2.
La Amante vuelve a tus orillas
con su piel erizada por deslumbres
contempla el atardecer de tus nubes
el pasto ardiente de tus ojos
preñada de augurios y cantos
que aún no entona para tu alma

3.
Nuestra deseo
pide audiencia
Tu voz como relámpago
asalta los fuertes
estremece a lo lejos
las aguas quietas
de otros abismos

4.
Mi Fuente:
toma las riendas de nuestro destino
marca los espejos en que hemos de vernos
y encontrarnos
Quiero habitar contigo espesuras espumosas

HINGABE VIII

1.
Taufwasser
weist den Weg des Strahls
wiegt die Kanus der Zukunft
wäscht die Erinnerung an alle Schiffbrüche
aus meinen im Schatten erregten Zellen

2.
Die Geliebte kehrt an deine Strände zurück
mit Gänsehaut aus reiner Verzückung
betrachtet sie die Dämmerung deiner Wolken
das glühende Gras deiner Augen
geschwängert von Weissagungen und Gesängen
die sie für deine Seele noch nicht anstimmt

3.
Unser Begehren
bittet um Gehör
Wie ein Blitz überfällt
deine Stimme die Festungen
lässt in der Ferne
die ruhigen Gewässer
andrer Abgründe erbeben

4.
Meine Quelle:
nimm die Zügel unseres Schicksals
bemale die Spiegel in denen wir uns sehen
und wieder finden müssen
Ich möchte mit dir Schaumschwere bewohnen

5.

Me destetó tu amor de hombre
cuando penetraste mi nido de leche
Amor derrumbó los muros
quemó las obscenas máscaras de principios
ajenos a nuestro fulgor
subastó las ruinas de la memoria
fecundó los hechos de los labios
con palabras pronunciadas para la gloria
y lágrimas de dicha encantada
Sus semillas fecundan desde entonces mis riberas

6.

Párate a sentir y honrar
los mimos de la hora
No negaré tu derecho
a guarnecer las puertas inviolables de mi alma
ni osaré llorar en tus ojos mi dolor
o consumir allí sus caudales
El fuego de nuestra llama permanece intacto
abastecido con leña sagrada
Tú, El Vasto, acoge mi grito de mujer
riega mi sangre en los predios de tus rosas
No hay espinas para ti en mi corazón

5.

Deine männliche Liebe stillte mich ab
als du in mein Milchnest eingedrungen warst
Amor riss die Mauern nieder
verbrannte die dreisten Masken der Behauptungen
die unserem Glanz fremd sind
versteigerte die Ruinen des Gedächtnisses
befruchtete die Handlungen der Lippen
mit Worten die das Verzücken bezeichneten
und Tränen des verzauberten Glücks
Seine Samen befruchten seitdem meine Gestade


6.

Erhebe dich um die Liebkosungen der Stunde
zu empfinden und zu ehren
Ich werde weder dein Recht bestreiten
die unverletzbaren Pforten meiner Seele zu schützen
noch wagen meinen Schmerz mit deinen Augen zu
        beweinen
oder dort seine Reichtümer zu verzehren
Das Feuer unserer Flamme bleibt unangetastet
mit heiligen Holzscheiten versorgt
Du, der Weite, umfange meinen weiblichen Schrei
gieße mein Blut auf die Wiesen deiner Rosen
Für dich gibt es keine Dornen in meinem Herzen

TENTACIÓN

Me tienta mantenerte atado
a los conjuros de mi piel
preñar tu corazón con paraísos jubilosos
envolverte con el manto estrellado de mi soledad
amarte bajo el dorado crepúsculo de mi juventud
sin temor a perder entre tus brazos
la identidad de mis raíces

Me tienta seguir nadando contra la corriente
en las aguas tempestuosas de costumbres falaces
recoger la memoria de las piedras
penetrar en el vientre oscuro de la vida
salir invicta a recibir
de nuevo el sol en tu mirada

Me tienta no someterme más
que a tus ansias locas
volcar y anidar en mis entrañas
la dulce sustancia de tu pasión

Amor
me tientas tú a toda hora
A cada instante
me tienta amarte

## VERSUCHUNG

Ich habe Lust dich gefesselt
an die Beschwörungen meiner Haut zu lassen
deine Seele mit frohlockenden Paradiesen zu befruchten
dich mit dem Sternenmantel meiner Einsamkeit zu
      umhüllen
dich unterm goldenen Morgenrot meiner Jugend zu lieben
ohne zu befürchten in deinen Armen
das Wesen meiner Wurzeln zu verlieren

Ich habe Lust weiter gegen die Strömung
in stürmischen Gewässern verlogener Bräuche zu
      schwimmen
das Gedächtnis der Steine zu bewahren
in den dunklen Schoß des Lebens einzudringen
unbesiegt herauszukommen um erneut
die Sonne in deinem Blick zu empfangen

Ich habe Lust mich nicht mehr
als deinen verrückten Gelüsten zu unterwerfen
die süße Substanz deiner Leidenschaft
in meinen Körper verströmen und nisten zu lassen

Amor
jederzeit weckst du meine Lust
Immerzu
habe ich Lust dich zu lieben

## VUELTA AL EDÉN

Acoplada mi desnudez con este horizonte ...
¿qué despierta verte en las olas
que arremeten las playas sin rubor?
¡Si bastara con soñar, mi vida!
Si bastara con atar las criaturas
que te buscan en mi piel
y fundirlas en un único clamor a mi regazo
para aguardar apacible
entre corales y piedras negras
tu paso de hombre
venido a amar
sediento del verbo y la sangre
que alimentan con fuego mi corazón
Si bastara con compaginar
las hojas sueltas del recuerdo
y asignarles un título
para olvidar la turbulencia de los años idos ...
Pero nuestro dios
sólo nos permite por instantes
volver al Edén
a repasar
horas muertas

## RÜCKKEHR INS PARADIES

Meine Nacktheit an diesen Horizont gekoppelt …
Was wird erweckt wenn man dich in den Wellen sieht
die schamlos an das Ufer schlagen?
Mein Schatz, wenn Träumen reichte!
Wenn es reichte die Geschöpfe anzubinden
die auf meiner Haut nach dir suchen
und sie in einem Aufschrei mit meinem Schoß zu
       verschmelzen
um zwischen Korallen und schwarzen Steinen
auf die Schritte des Mannes
friedlich zu warten
der zum Lieben kam
lechzend nach Wort und Blut
die das Feuer meines Herzens nähren
Wenn es reichte die losen Blätter
der Erinnerung zu ordnen
und ihnen eine Überschrift zu geben
um die Wirren der vergangenen Jahre zu vergessen …
Aber unser Gott
erlaubt uns nur kurz
die Rückkehr ins Paradies
um die toten Stunden
noch einmal durchzugehen

## TUS JARDINES

Iluminan tu corazón rayos celestes
revelan pasadizos en sombra
donde atesoras tus cantos y la poesía
que acalla mi inquietud
Nadie me nombró como tú
nadie puso en mis labios tanta dulzura
ni mitigó en un abrazo
con sólo un gesto
la orfandad de las tumbas
y los duelos aún no deshechos
Los jardines que recorrimos
seguirán siendo entonces
sólo tuyos

## DEINE GÄRTEN

Hellblaue Strahlen erleuchten dein Herz
verraten schattige Durchgänge
in denen du deine Lieder aufbewahrst und die Poesie
die meine Rastlosigkeit besänftigt
Niemand nannte mich wie du
niemand legte so viel Zärtlichkeit auf meine Lippen
oder löschte in einer Umarmung
mit einer einzigen Geste
das Waisentum der Gräber
und der noch nicht aufgelösten Trauer
deswegen werden die Gärten
die wir durchwanderten
immerfort deine sein

## LLAMA AMPARADA

Envuelta en el aroma de tus besos
ensimismada en la dulzura de tu voz y tus palabras
asida a la orilla de un recuerdo
en el que sólo tú cantas
el sol dora nuestros cuerpos sobre arenas nacaradas
Nos contamos las penas las risas las soledades
entre aguas saladas y un azul resplandeciente
con el tono de oleajes confidentes

Cuando arribaste a mi puerto
el terror y la oscuridad
habían abandonado ya mi reino
Traías un equipaje invisible
para la travesía alrededor de mi mundo
que anhelaste emprender
cuando escuchaste en tu corazón
los cantos de pájaros aún no nacidos

Acogí tu presencia como la ofrenda de un dios
cuya existencia inadvertía
y te adoré en su nombre

La vida fue
llama amparada

## BESCHÜTZTE FLAMME

Eingehüllt in den Duft deiner Küsse
vertieft in die Zärtlichkeit deiner Stimme und Wörter
an den Saum einer Erinnerung geklammert
in der nur du singst
bräunt die Sonne unsere Körper auf Stränden aus
       Perlmutt
Wir erzählen uns von Elend, Freude, Einsamkeit
im salzigen Wasser und strahlendem Blau
im Klang vertraulichen Wellengangs

Als du in meinem Hafen anlegtest
hatten der Schrecken und das Dunkel
schon mein Reich verlassen
Dein Gepäck war unsichtbar
für die Durchquerung meiner Welt geeignet
die du angehen wolltest
als du die noch ungeborenen Vögel
in deinem Herzen singen hörtest

Ich empfing deine Gegenwart wie die Gabe eines Gottes
dessen Bestehen unbekannt war
und ich verehrte dich in seinem Namen

Das Leben war
beschützte Flamme

## HUELLAS GEMELAS

Te esperé infinidad de lunas
tormentas y amaneceres
con la paciencia de quien enfrenta
un designio irrevocable

Una visión enceguecedora
izaba banderas en el corazón
y colonizaba en su follaje
los caminos del anhelo

Esperé por ti porque te hallabas
en la memoria de una huella
que ardía en mi sangre
con voz callada

Te esperé porque el tiempo
apremiaba nuestro encuentro
y sin ti le faltaba
canto a las horas

No compares
tus ganas de anidar
tu vuelo en mis ojos
con otras estaciones

ni te ufanes
en repetir a ciegas
que ignorabas el peso
de tu andar en mi destino

pues no hubo nunca
para ti otro paraíso
ni para mí más plenitud
que en nuestra entrega

ZWILLINGSSPUREN

Ungezählte Monde
Stürme und Sonnenaufgänge wartete ich auf dich
geduldig wie jemand
der einer unwiderruflichen Bestimmung begegnet

Eine blendende Vorstellung
hisste Fahnen im Herzen
und bevölkerte in seinem Dickicht
die Pfade der Sehnsucht

Ich habe auf dich gewartet weil du dich
im Gedächtnis einer Spur befandest
die in meinem Blut
mit leiser Stimme glühte

Ich wartete auf dich weil die Zeit
auf unsere Begegnung drängte
und ohne dich fehlte
den Stunden Gesang

Vergleiche nicht
dein Verlangen nach Einnistung
deinen Flug in meine Augen
mit anderen Aufenthalten

und brüste dich auch nicht
blindlings zu wiederholen
dass du das Gewicht deines Wandelns
in meinem Schicksal verkanntest

denn es gab niemals
für dich ein anderes Paradies
noch für mich mehr Erfüllung
als in unserer Hingabe

MAR DE AMOR

*¡Amantes terribles y secretos, oh silenciosos Amantes, oh*
*vosotros a quienes ningún sueño mancilla, la Mar os tenga*
*en su potencia … !*
*Saint John Perse: "Estrechos son los bajeles" de la obra*
*"Mares"( traducción al español Jorge Zalamea)*

1.
Constancia del ser en el seno abatido y duro de la mar
hollado por el navío de Amor:
en mis manos la luna revela los signos de la infancia

Corteza de hombre profana:
espejos carnales promueven tu vigilia

No son palabras el velo que te cubre a la zaga de las olas

Débil te reclamo
ídolo amenazado por un cielo herido
inmerso entre las sales sagradas del estío

2.
¿Cómo amar sin expiar el milagro de la carne?

Amor en brasas revividas:
la almohada cantarina de la tarde
ama el milagro de tu frente

El águila del tiempo espanta
al espectro de la muerte en el umbral

LIEBESMEER

*„Liebende, schrecklich und geheim, o Liebende schweigsam,*
*o ihr, die kein Schlaf befleckt, habe das Meer euch in seiner*
*Gewalt! ... "*
*Saint-John Perse, „Eng sind die Schiffe", aus: „Seemarken"*
*(dt. Friedhelm Kemp)*

1.
Beständigkeit des Seins im mutlosen und harten
        Meeresbusen
von der Liebesbarke gezeichnet:
in meinen Händen offenbart der Mond die Zeichen
        der Kindheit

Entweihte Männerrinde:
fleischliche Spiegel schüren deine Wachsamkeit

Keine Wörter sind der Schleier der dich am Wellen-
        ende bedeckt

Schwach rufe ich nach dir
von einem verletzten Himmel bedrohtes Idol
in den heiligen Salzen des Sommers versunken

2.
Wie soll man lieben ohne das Wunder des Fleisches
        zu erspähen?

Amor auf wieder belebter Glut:
das säuselnde Kopfkissen des Nachmittags
liebt das Wunder deiner Stirn

Der Adler der Zeit verscheucht
an der Schwelle das Gespenst des Todes

3.

La noche expande fulgores sombríos
Estrellas perforan sonámbulas el cielo
con sus ropajes de luz

¿Dónde estás?
Perseguido por los rigores del exilio
sacia tu sed de hombre

Habítame con todas tus armas
y los pinceles que pintan el miedo
tórnalos pinceles de amor


4.

La fuerza de tu diosa imbrica tu anhelo
con las fibras de mi corazón
posa en ti su estertor efímero

La novia te asedia cansada de no verte

Quiérela hoy
Has un lugar para su embrujo
Desvístela con la paciencia
de un guardador de rebaños
¿A qué preservar la inocencia?


5.

Amar es consagrar la sangre
y verter jugos sagrados
en la copa de la comunión de la carne

En esta hora la mar encuentra a la luna en celo
y los astros se desnudan ante el brillo que les funde

No vayas tan lejos que no te alcance mi mirada

3.
Die Nacht verbreitet dunkle Strahlen
Sterne durchlöchern schlaftrunken den Himmel
in ihren Lichtkleidern

Wo bist du?
Verfolgt von den Härten des Exils
lösche deinen männlichen Durst

Bewohne mich mit all deinen Waffen
und die Angst malenden Pinsel
verwandle in Pinsel der Liebe

4.
Die Kraft deiner Göttin verflicht in deine Sehnsucht
die Fäden meines Herzens
legt ihr vergängliches Geräusch in dich

Ermüdet von deiner Abwesenheit bestürmt dich die
        Braut

Liebe sie heute
Bilde einen Ort für ihre Verzauberung

Entkleide sie mit der Geduld
eines Schäfers
Wovor die Unschuld hüten?

5.
Lieben heißt das Blut zu weihen
und heilige Säfte in den Kelch
der Kommunion des Körpers zu gießen

Zeitgleich trifft der Mond die läufige See
und die Gestirne entkleiden sich vor dem Glanz der
        sie umgibt
Entferne dich nicht so weit dass dich mein Blick nicht
        erreicht

6.

Tengo fiebre y tuve miedo
de enredarme a ciegas entre tu negra mansedumbre

¿A qué llorar si regresarás aquí
abismado en tu mirada
soñado por soñar
mendigo de caricias y arreboles?


7.

¡Que la coordenada de Amor cautiva
aliene en ti su entrega!

¡Conjuro y ritos de sal
disipación en torno al fuego que nos quema!


8.

Verás: te cruzaré con las armas sensibles de este amor
la mar besará tu rostro
y las sandalias de la danza
darán el paso hacia tu encuentro

Mejor la muerte horadando la flor deshojada
la vigilia del instante
no recuerdos como despojos

Recuerda: los dioses no se cansan de plagiar destinos

6.
Ich habe Fieber und hatte Angst
mich blind in deiner schwarzen Sanftmut zu
        verheddern

Wozu weinen wenn du hierher wiederkehrst
in deinem Blick vertieft
geträumt um zu träumen
Bettler nach Zärtlichkeiten und Erröten?


7.
Der verfangene Kurs Amors
soll in dir seine Hingabe entfremden!

Beschwörung und Riten des Salzes
Auflösung am Feuer das uns verbrennt!


8.
Du wirst sehen: ich werde dich mit den empfindlichen
        Waffen dieser Liebe treffen
das Meer wird dein Gesicht küssen
und die Tanzsandalen
werden den Schritt zu dir machen

Lieber den Tod der die entblätterte Blume durchbohrt
die Wachheit des Augenblicks
als Erinnerungen aus Scherben

Beachte: die Götter werden nicht müde Schicksale
        nachzuahmen

9.
He venido a la mar a celebrar sus rutas de espuma

El testimonio de mi amor, ante la mar, abre su jaula de
oro

Frecuento estancias arenosas, caracoles del ocio

Nuestro lecho bordado por la espuma
nuestros cuerpos memoria y carne de mar

¡Honor al éstasis sonoro
al flujo del amor desnudo y libre
sin heridas, sin cansancio!

9.

Ich kam ans Meer um seine Gischtpfade zu verehren

Das Zeugnis meiner Liebe öffnet vor dem Meer seinen
goldenen Käfig

Ich gehe oft an sandige Orte, Muscheln der Muße

Unser von Schaum umsäumtes Gemach
unsere Körper Meeresgedächtnis und –fleisch

Ehre der hörbaren Ekstase
dem Fließen der nackten und freien Liebe
ohne Wunden, ohne Unterlass!

## Postskriptum
DE ESTE Y DEL OTRO LADO DEL PARAÍSO
## Helmuth A. Niederle

I.

No sería de extrañar si nos soprendiera que el título de un libro se refiera a una "Vuelta al Edén". ¿No nos recuerda acaso la noción de "edén" promesas divinas que se refieren a un vago futuro o a un pasado muy lejano e intentan aclarar el origen de la vida humana? Según mitos y leyendas, nuestros padres originarios o los primeros seres humanos vivían de acuerdo a la voluntad divina en perfecta armonía, ajenos al dolor. Todo era plenitud, los seres humanos no necesitaban trabajar. Estos estados paradisíacos llevan nombres nostalgicos como "edad dorada"; los griegos relacionan con ello los jardines de los dioses de las Hespérides, en el Egipto Antiguo se habla del primer eón de la humanidad – la época de los hijos de Dios –, en la cual le habría sido concedida la dicha a ésta. Los aztecas creían en un paraíso en el cielo *(Tamoanchan)*, la residencia de la suprema pareja divina, de donde provienen las almas de los niños. En la tradición judeo-cristiana el edén es el jardín de Dios, que como el "jardín de las delicias" (*paradisum voluptatis*) estaba predestinado para los primeros seres humanos como tierra fecunda. El hinduismo, budismo y janismo comparten en sus enseñanzas la idea de un origen y destrucción cíclicos del mundo. Cada uno de los periodos del mundo – *majá-iugá* (corresponde a 12.000 dioses o 4.320.000 años) – comprenden cuatro eras: *satyá-iugá* (época de la inmortalidad y perfección de la humanidad), *tretá-iugá, duapára-iugá,* y *kali-iugá* ( tres eslabones de una decadencia progresiva). La mayoría de los hindues son de la opinión de que vivimos en una kali-iugá desde que Krishna abandonó el mundo, es decir, según datos de la mitología, desde el año 3102 a.C. La colección de poemas "Vuelta al Edén" de Sonia Solarte Orejuela, poeta colombiana que reside desde el año 1988 en Alemania, evoca no el retorno a uno de los muchos paraísos, cuya llegada ha sido anhelada en diferentes

Postskriptum
DIESSEITS UND JENSEITS DES PARADIESES
von Helmuth A. Niederle

I

Wenn ein Buchtitel von der „Rückkehr ins Paradies" kün-
det, wäre es nicht verwunderlich, berührte einem das Stau-
nen. Gemahnt die Nennung des Begriffs „Paradies" nicht
an Heilsversprechungen, die entweder in einer vagen Zu-
kunft oder in längst vergangenen Zeiten liegen, die dem
Beginn der menschlichen Urzeit verklärend zugeschrieben
werden? Den Mythen und Legenden nach, lebten – dem
Willen des Schöpfers entsprechend – das Stammelternpaar
oder die ersten Menschen in Glückseligkeit oder Leidlosig-
keit. Alles war in Fülle vorhanden, die Menschen brauch-
ten nicht zu arbeiten. Solche paradiesischen Zustände tra-
gen so verheißungsvolle Namen wie „Goldenes Zeitalter";
die Griechen wussten vom Göttergarten der Hesperiden
zu berichten; im antiken Ägypten war es der erste Äon der
Menschheit, die Epoche des Sonnengottes, in der die Bese-
ligung den Menschen zuteil geworden war. Die Azteken
glaubten an ein Paradies (*Tamoanchan*) im Himmel, der Re-
sidenz des obersten göttlichen Paares, von dem die Kinder-
seelen herabkommen. In der jüdisch-christlichen Tradition
gilt Eden als der Garten Gottes, der als „Garten der Wonne"
(*paradisum voluptatis*) für die ersten Menschen als frucht-
bares Gefilde vorgesehen war. Hinduismus, Buddhismus
und Janismus teilen in ihren Lehren die Vorstellung von
der zyklischen Entstehung und Vernichtung der Welt. Jede
Periode der Welt – *mahayuga* (12.000 Götter- bzw. 4.320.000
Menschenjahre) – umfasst vier Zeitalter: *krtayuga* (Epoche
der Unsterblichkeit und Vollkommenheit der Menschen),
*tretayuga*, *dvaparayuga* und *kaliyuga* (drei Stufen progressi-
ven Verfalls). Die meisten Hindus sind der Meinung, dass
wir, seit Krishna die Welt verlassen hat, in einem *kaliyuga*
leben, wobei auf Grundlage der Mythologie oft 3102 v. u. Z.
angegeben wird.
Die Gedichtsammlung „Rückkehr ins Paradies" der aus
Kolumbien stammenden und seit 1988 in Deutschland
lebenden Lyrikerin Sonia Solarte Orejuela beschwört nicht
die Heimkehr in eines der vielen Paradiese, die sich von

culturas y regiones alrededor del globo en todos los tiempos, sino que representa una invitación al conocimiento de sí mismo basado en el reconocimiento de un otro, de un "tú", en el cual se fundamenta la entrega amorosa. Pero antes de precisar algunos aspectos al respecto, es necesario presentar este libro en el marco de la obra escrita hasta hoy por la autora; para ello enfocaremos principalmente su obra "Mundo Papel" (1996/2006) publicada en alemán.

La obra "Mundo Papel" está compuesta por varios "actos". En la primera parte de la obra llamada "Actos Elementales", se plantea las dificultades con que se enfrenta el ser humano al tratar de superar las estrechas convenciones que son aceptadas tácitamente y que le impiden el desarrollo de las potencialidades de sí mismo: "Las letras dan forma a la ilusión/ conjugan las imágenes del habla/ Un proyecto toma cuerpo/ entre las redes del nombre". El llamado de la poeta, en el cual refleja no solamente el malestar ante los límites del lenguaje es a entreveer: "... un paisaje sin celdas".

Los "Actos Mortales" de "mundo Papel" reflejan la incapacidad de muchos seres humanos de  reconocer que más allá y más acá de la racionalidad son posibles de abordar otros caminos de conocimiento, algo que tiene un efecto directo sobre el encuentro con el "tú": "Morir es un vicio/ una condena elegida/ un obstinarse en el fracaso".

„Mundo Papel" termina con los versos: "Dejo a los actores en escena/ Regreso después con cantos sin muros". Esta afirmación tiene el carácter de una promesa que veremos cumplida en "Vuelta al Edén". Mientras en "Mundo Papel" leemos: "La primitiva ceguera/ transformó en patria derruíble/ el planeta abonado/ a la revancha del tiempo/ como fruto de la ignominia/ contra la vida eterna" y en otro lugar: "Venimos de la oscuridad/ somos empecinadamente ciegos", encontramos en "Vuelta al Edén": "Abono con espasmos de placer/ la tierra donde prenden/ las semillas de todas tus victorias/ Palpas sin apremio en mi vientre/ los vestigios de tu exilio del paraíso". La tierra vuelve a ser habitable a través del encuentro con un "tú", por

Menschen in unterschiedlichen Kulturen und Regionen rund um den Globus zu allen Zeiten herbeigesehnt haben, sondern stellt eine Aufforderung zur Selbsterkenntnis dar, die im Erkennen des Gegenübers, eines „Du", in der liebenden Hingabe begründet ist. Doch ehe einige Aspekte davon erörtert werden, gilt es den zu diesem Buch zusammengefassten Zyklus in den Rahmen ihres bisherigen Werkes zu stellen, wobei der Schwerpunkt auf dem in deutscher Sprache erschienen Band „Papierwelt" (1996 / 2006) liegt.

In der aus mehreren „Handlungen" bestehenden „Papierwelt" setzt sich der erste Teil, die „Elementaren Handlungen", mit der Schwierigkeit des Menschen auseinander, jene einengenden Konventionen zu überwinden, die stillschweigend akzeptiert werden und die freie Entfaltungsmöglichkeit des einzelnen verhindern: „Buchstaben prägen Vorstellungen / vereinigen Bilder der Sprache / Ein Entwurf gewinnt an Gestalt / in den Maschen der Benennung".
Der Aufschrei der Dichterin, in dem sich nicht nur das Unbehagen an den Grenzen der Sprache spiegelt, lautet: „Ich wünsche mir den Landstrich frei von Kerkern".
In den „Tödlichen Handlungen" spiegelt sich die Unfähigkeit vieler Menschen wider, dass diesseits und jenseits der Rationalität auch andere Erkenntniswege beschreitbar sind, was unmittelbare Auswirkungen auf die Begegnung mit dem „Du" hat: „Sterben ist ein Laster / ein durch eigne Hand gewähltes Leid / ein Beharren auf dem Scheitern".
Die „Papierwelt" schließt mit den Versen: „Die Schauspieler lasse ich auf der Bühne zurück / Ich komme wieder demnächst mit Liedern ohne Mauern"
Diese Bemerkungen haben den Charakter einer Versprechung und die wird in „Rückkehr ins Paradies" eingelöst. Steht in „Papierwelt" zu lesen: „Die selbstverschuldete Blindheit / hat den von der Rache der Zeit / gedüngten Planteten / in zerstörbare Heimat verwandelt / das ewige Leben / zur Frucht der Schande verurteilt" und an anderer Stelle: „Wir kommen aus der Dunkelheit / hartnäckig blind", heißt es in der „Rückkehr ins Paradies": „Mit den Zuckungen der Wonne dünge ich / die Erde in der die Samen / all deiner Siege aufkeimen / Gelassen berührst du in meinem Schoß / die letzten Erinnerungen deines

consiguiente la oscuridad no espanta más: "Y tu oscuridad es mi luz/ si tu bondad me acaricia".

Simplificando, se podría afirmar que el tema central de la obra de Sonia Solarte Orejuela  ha estado comprometido hasta ahora con el kali-iugá, es decir, con el período que los romanos designaron como la "era de hierro". Ante el fondo de terror que está presente en todas partes en kali-iugá, recibe la obra "Vuelta al Edén", que contiene exclusivamente poemas de amor, el significado de un  llamado de tambor. La utopía de la completud a través del amor puede no solamente ser soñada, sino también vivida. La belleza del amor es celebrada con palabras ajenas a cualquier artificio, sin cálculo alguno. Nada exhorta al cinismo, que es difundido a través de la industria del entretenimiento y que a través de ella se ironiza a sí mismo. En un período del terror probablemente no hay mayor provocación que la belleza, y ésta es comparable con el paraíso, si leemos por ejemplo al poeta iraní Abul-Quasam Ferdausi, quien habla de mujeres que son "de la cabeza a los pies como el paraíso, llenas de belleza, inteligencia y preciosidad".

II

Hay numerosas personas que sostienen que sobre amor no se puede realmente escribir, porque el amor es para ser vivido y los sentimientos amorosos son tan fuertes, que sólo con frases comunes se puede intentar insuficientemente captar algo que conmueve completamente de igual manera al cuerpo y al alma.  De hecho, debido a que la belleza del amor ha sido  banalizada por la industria de la recreación y por la dicha prometida por  la máquina comercial, a través de su escenificación en la pornografía,  es difícil encontrar palabras para nombrarla que no despierten en seguida asco o al menos despectivos encogimientos de hombros. Más fácil es escribir sobre el miedo a perder el amor imprecando o maldiciendo, como lo hace Pablo Neruda en el siguiente pasaje de "Los versos del capitán": "Si me apartas tu vida/ morirás/ aunque vivas / Seguirás muerta o sombra, / andando sin mí por la tierra". Sonia Solarte Orejuela no invierte_ningún pensamiento en

Exils vom Paradies". Die Erde wird durch die Begegnung mit einem „Du" wieder bewohnbar, die Dunkelheit hat ihre Schrecken verloren: „Und deine Dunkelheit ist mein Licht / wenn mich deine Herzlichkeit streichelt".

Sehr vereinfachend gesagt, ist das zentrale Thema im bisherigen Schaffen der Lyrikerin Sonia Solarte Orejuela dem *kaliyuga* verpflichtet, also einer Periode, die von den Römern das „eherne Zeitalter" bezeichnet wurde. Vor dem Hintergrund des Schreckens der im kaliyuga allgegenwärtig ist, bekommt die Sammlung „Rückkehr ins Paradies", die ausschließlich Liebesgedichte enthält, die Bedeutung eines Paukenschlags. Die Utopie der Vervollkommnung durch Liebe lässt sich nicht nur erträumen, sondern auch erleben. Die Schönheit der Liebe wird mit Worten gepriesen, die bar jeglicher Verstellung und ohne Kalkül sind. Nichts gemahnt an den Zynismus, der durch die Unterhaltungsindustrie verbreitet wird und sich dadurch selbst ironisiert. In einer Periode des Schreckens gibt es wahrscheinlich keine größere Provokation als die Schönheit und die wird, wenn man beispielsweise den iranischen Dichter Abul-Quasem Ferdausi liest, mit dem Paradies gleichgesetzt. Er berichtet von Frauen, die von „Kopf bis zum Fuß wie das Paradies, voller Schönheit und Klugheit und Kostbarkeit" sind.

II

Zahlreich sind diejenigen, die behaupten, über Liebe ließe sich letztlich nicht schreiben, weil man sie leben möchte und die Gefühle so stark seien, dass nur Worte des Kitsches unzulänglich versuchten, das zu erfassen, was Körper und Seele gleichermaßen zur Gänze ergreift. Und in der Tat machen es die durch die Unterhaltungsindustrie betriebene Banalisierung und durch die Glück verheißende Werbemaschinerie inszenierte Pornografisierung der Schönheit der Liebe schwer, Worte zu finden, die nicht gleich Ekelreize oder zumindest verächtliches Achselzucken hervorrufen. Leichter ist, die Verlustängste als Verwünschung oder als Fluch in Worte zu kleiden, wie es Pablo Neruda in seinen „Versen des Kapitäns" getan hat: „Wenn du mir dein Leben entziehst,/ stirbst du / bei lebendigem Leibe. // Als Tote oder als Schatten / wirst du ohne mich durch die Welt gehen."

la posibilidad de la pérdida, por ello se mantiene ajena a cualquier maldición o improperio. Ella canta a la complementariedad, cuya intención es incorporar lo aún no vivido en la relación: "Cuando arribaste a mi puerto / el terror y la oscuridad / habían abandonado ya mi reino / Traías un equipaje invisible / para la travesía alrededor de mi mundo / que anhelaste emprender / cuando escuchaste en tu corazón/ los cantos de pájaros aún no nacidos".

De repente, sin querer imponer una interpretación, nos es claro: a quien alguna vez ha experimentado la perfección a través del amor, lo habitará toda su vida la nostalgia de vivirlo una y otra vez. ¿Y quién puede seriamente dudar de que el amor pertenece a lo más sublime que a uno le pueda suceder?. ¿No está el ser humano por principio hecho para encontrar con una pareja la plenitud llamada amor?. Martin Buber señala esta conexión imborrable – en la literatura persa vislumbrada en una imagen tomada del idioma de los tejedores en que se conjugan cadena y tejido-: "En el comienzo está la relación… / El ser humano alcanza a través del tú el yo …"

Parte del encadenamiento mutuo es la mayoría de las veces el éxtasis sexual, que en una expresión árabe se describe como "la pequeña miel". Para el éxtasis encuentra Sonia Solarte Orejuela descripciones sensuales como la siguiente: "Al inclinarse en tu regazo / tiemblan y se alzan tus caderas / como olas encrespando al mar". Pero para gozar semejante éxtasis, es imprescindible la equivalencia entre las personas que se dirigen una a la otra.

Ya en el Viejo Testamento se encuentran frases que se refieren a la simetría que nace entre los seres que se aman. Después de que Jehová Dios hizo a la mujer de la costilla que "tomó del hombre" (Gen. 2,22), habló Adam: "Esto es ahora hueso de mis huesos y carne de mi carne; ésta será llamada Varona, porque del Varón fue tomada." (Gen. 2,23). Solamente a través de una paridad entre la varona y el varón se puede reconocer la complementariedad mutua y el ser humano se encuentra en la posición de descubrir su propio sexo. A partir de comer el fruto prohibido – considerado según diferentes puntos de vista pecado

Sonia Solarte Orejuela verschwendet keinen Gedanken an die Möglichkeit des Verlusts, daher liegt ihr auch jede Verfluchung oder Verwünschung fern, sondern besingt Zweisamkeit, die willens ist, das noch nicht Erfahrene in die Beziehung einzufügen: „Als du in meinem Hafen anlegtest / hatten der Schrecken und das Dunkel / schon mein Reich verlassen / Dein Gepäck war unsichtbar / für die Durchquerung meiner Welt geeignet / die du angehen wolltest / als du die noch ungeborenen Vögel / in deinem Herzen singen hörtest".

Unversehens, ohne eine Interpretation anstreben zu wollen, wird klar: Wer einmal die Vervollkommnung durch Liebe erfahren hat, dem wird ein Leben lang die Sehnsucht beseelen, ihr wieder und wieder zu begegnen. Und wer möchte ernsthaft bezweifeln, dass die Liebe zum Erhebendsten gehört, das einen widerfahren kann? Ist nicht der Mensch prinzipiell darauf ausgerichtet, mit oder in einem partnerschaftlichen Du jene Erfüllung zu finden, die Liebe genannt wird? Martin Buber wies auf diese unauflösliche Verknüpfung – in der persischen Literatur in das der Webersprache entnommene Bild von Kette und Schuss gekleidet – hin: „Im Anfang ist die Beziehung … / Der Mensch wird am Du zum Ich …".

Teil der freiwilligen Aneinanderkettung ist zumeist die sexuelle Ekstase, die in einem arabischen Ausdruck „kleiner Honig" bezeichnet wird. Für die Ekstase findet Sonia Solarte Orejuela immer wieder sinnliche Beschreibungen wie die folgende: „Wenn er sich in deinem Schoß versenkt / zittern und erheben sich deine Hüften / wie Wellen die das Meer aufwühlen". Doch um diese Verzückung genießen zu können, bedarf es der Gleichwertigkeit der einander sich zuwendenden Menschen.

Schon im Alten Testament stehen Sätze, die von der Symmetrie die zwischen Liebenden entsteht, berichten. Nachdem der Schöpfergott aus der Rippe, die er „dem Menschen entnommen" (Gen 2,22) eine Frau gemacht hatte, sprach Adam: „Das ist nun endlich Bein von meinem Gebein und Fleisch von meinem Fleisch. Diese soll nun Männin heißen." (Gen 2,23) Erst durch das Gegenüber von Männin und Mann wird das einander Ergänzende erkennbar und der Mensch in die Lage versetzt sein eigenes Geschlecht wahrzunehmen. Die nach dem Verzehr der verbotenen Frucht

original o libertad para asumir su propio destino – la constatación efectuada: "Conoció Adán a su mujer Eva" (Gen. 4,1), fija inquebrantable la complementariedad que se basa en el reconocimiento recíproco del propio ser del otro. Igual de qué manera uno interprete la posesión del fruto prohibido, la consecuencia de ello es la expulsión del ser humano del paraíso, por cuya recuperación existe una añoranza insaciable a través de todos los tiempos y las culturas. El ciclo de poemas de Sonia Solarte Orejuela que lleva el nombre "Vuelta al Edén", es entonces expresión de la nostalgia por alcanzar aquella unidad con un otro, que Martin Buber ha expresado así: "El ser humano alcanza a través del tú el yo ".

A pesar de que el encuentro de la varona y el varón sea algo conocido y común desde el comienzo de la humanidad, cada consonancia emocional de los involucrados es vivida como si se tratase de la primera vez en la historia. En Amazonia surgió un mito sobre la primera mujer y el primer hombre, que se hallaban aún en la inocencia primigenia: cuando los dos se encuentraron en el bosque eterno, se miraron con curiosidad: qué raro cómo sus cuerpos se diferenciaban! "¿Te lo han cortado?" – preguntó el hombre. "No" – replicó la mujer mientras reía, "yo he sido siempre así". El no comprendía la diferencia, se dobló para ver con precisión y llegó a la conclusión: ¡Aquí falta algo! Pues él vio sólo una herida abierta. Para ayudar a la mujer le aconsejó descansar mucho en la hamaca y tomar las tinturas y té de hierbas que le ofrecía. La mujer reía cada día que ella era consolada por el hombre: "No te preocupes, pronto crecerá".

Una noche, recién llegado del bosque, se abalanzó sobre ella saltando de alegría y le dijo: "Ya lo descubrí, ya lo descubrí". El había observado cómo arriba en los árboles las monas y los monos curaban la herida y se acostó al lado de la mujer. Después de que su largo abrazo terminó, el aire estaba cargado de un fuerte olor a flores y frutos. Un aroma desconocido y un resplandor no visto hasta entonces fluía de sus cuerpos, que eran tan bellos como el sol y los dioses casi morían de envidia. Semejante a la historia bíblica del fruto prohibido y al mito amazónico sobre la aflicción de

– je nach Sichtweise Sündenfall oder Entlassung des Menschen in die Eigenverantwortung – getroffene Feststellung: „Der Mensch erkannte seine Frau Eva" (Gen 4,1) schreibt die Ergänzung unverrückbar fest, die im wechselseitigen Erkennen des eigentlichen Wesens des Gegenübers besteht. Wie auch immer man die Aneignung der unerlaubten Frucht interpretiert, die Folge davon, ist die Vertreibung der Menschen aus dem Paradies, nach dessen Wiedererlangung eine unstillbare Sehnsucht quer durch die Zeiten und Kulturen besteht. Der Gedichtzyklus von Sonia Solarte Orejuela trägt den Namen „Rückkehr ins Paradies", ist also Ausdruck der Sehnsucht, mit einem Gegenüber jene Einheit zu erreichen, die Martin Buber gemeint hat: „Der Mensch wird am Du zum Ich …".

Obwohl die Begegnung von Männin und Mann seit Beginn der Menschheit allgemein bekannt und üblich ist, wird jeder emotionale Gleichklang von den Beteiligten so erlebt, als wäre es das erste Mal in der Geschichte der Menschheit. Aus Amazonien stammt eine Mythe über die erste Frau und den ersten Mann, die einander in paradiesischer Unschuld begegnen: Als die beiden einander im ewigen Wald trafen, sahen sie einander neugierig an: Merkwürdig wie sich ihre Körper unterschieden! „Ist es dir abgehackt worden?", fragte der Mann. „Nein", erwiderte die Frau und musste lachen, „ich war schon immer so." Er verstand den Unterschied nicht, beugte sich vor, um sein Gegenüber genauer in Augenschein zu nehmen und kam zu dem Schluss: Da fehlte etwas! Er sah nur eine offene Wunde. Um der Frau zu helfen, riet er ihr, viel in der Hängematte zu ruhen sowie die Tinkturen und aus Kräutern bereiteten Tees zu trinken, die er ihr brachte. Die Frau musste lachen, wenn sie von dem Mann jeden Tag getröstet wurde: „Sei unbesorgt, bald wird es wachsen!"

Eines Abends stürzte der Mann aus dem Wald zurückkehrend zu ihr, vor Freude hüpfend, und rief: „Ich hab's gefunden, ich hab's gefunden." Er hatte beobachtet, wie die Äffinnen und die Affen hoch oben in den Bäumen die Heilung der Wunden vornahmen, und legte sich zur Frau. Nachdem ihre lange Umarmung ein Ende gefunden hatte, war die Luft schwer von Blumen- und Früchtegeruch. Ungeahntes Duften und ein noch nie zuvor gesehenes Schimmern ging von den beiden Leibern aus,

los dioses escribe Sonia Solarte Orejuela: "Tu dios es mi dios y nos une en la tibieza de un despertar sin tinieblas / nos alimenta con frutos no gozados aún / desconocidos en todas las tierras".

De la primera mitad del segundo milenio proviene el siguiente canto de amor del cual se conserva una versión incompleta. En él canta una mujer, que habla de sí misma usando la primera persona del plural: "El palpitar de tu corazón es para mí música de (alegría)./ Levántate, yo quiero amarte. / En tu blando regazo / de sueño matutino / es dulce tu beso, / maduro es tu fruto. / Mi cama de (madera de) incienso / está perfumada con sustancia de ballukku. / (En la) tiara de nuestras cabezas, los aretes de nuestras orejas, las colinas de nuestros hombros y la abundancia de nuestros pechos, / el adorno de sinsinu de nuestras manos / el adorno de huduschu de nuestras caderas, / estira tu mano izquierda y palpa nuestra vagina, / juega con nuestros pechos,/ yo tengo (mis) muslos abiertos".

En algunos versos habla, – uno estaría tentado a decir – canta Sonia Solarte Orejuela en la misma forma como la mujer de Mesopotamia, cuando ella escribe: "Mi vientre es el nido de la mariposa / mudas de rostro al sentir el temblor de sus alas / le ofreces tu aliento y tus besos / como plataforma para el vuelo".

Lo que ofrece su poesía es una tierra íntima de mujer, muy distante de la posición que Derek Walcott le atribuye a "Europa", quien se deja raptar por Zeus, oculto bajo la forma de un toro "...pero flaqueas una vez a la lujuria humana / luego adivinas las intenciones de ese lunático, observas quienes ellos / en realidad eran, esos dioses como toros sementales, / como cerdos en celo (...)". Sonia Solarte Orejuela conjura en su poesía una tierra íntima de mujer en la cual tiemblan los pergaminos del amor o esperan sin ninguna lascivia la lluvia del éxtasis. Una tierra de mujer que enfebrece al visitante pero sólo a aquel, cuya voluntad es apreciar este territorio como suelo consagrado. Los lugares sagrados son destinados para los elegidos que están preparados para cumplir su misión con la humildad correspondiente. Cada arrogancia, cada afán de beneficio

die so schön waren, dass die Sonne und die Götter sich vor Neid beinahe zu Tode grämten. Gleichsam als Zusammen-führung der biblischen Geschichte von der verbotenen Frucht und der amazonischen Mythe über den Gram der Götter schrieb Sonia Solarte Orejuela: „Dein Gott ist mein Gott der uns in der Wärme ungetrübten Erwachens vereint / er nährt uns mit Früchten von denen wir noch gekostet / unbekannt auf Erden."

Aus der 1. Hälfte des 2. Jahrtausend v. u. Z. stammt das fol-gende nur unvollständig erhaltene Liebeslied, das von einer Frau gesungen wird, die von sich in der ersten Person Plu-ral spricht: „Das Schlagen deines Herzens ist mir Musik der (Freude). / Steh auf, ich will dich lieben. / In deinem wei-chen Schoß / des Morgenschlummers / ist deine Liebkosung süß, / blühend ist deine Frucht. / Mein Bett vom (Holz des) Weihrauchbaumes / ist mit Ballukku-Substanz parfümiert./ (Bei der) Tiara unseres Kopfes, den Ringen unserer Ohren, / den Hügeln unserer Schultern und der Fülle unserer Brüste, / dem Sinsinu-Schmuck unserer Hände, / dem Huduschu-Schmuck unserer Hüfte, / strecke aus deine linke Hand und berühre unsere Vagina, / spiele mit unseren Brüsten, / ich habe (meine) Schenkel gespreizt."

In manchen Versen spricht – man ist versucht zu sagen – singt Sonia Solarte Orejuela in derselben Weise wie die Frau aus dem Zweistromland, wenn sie schreibt: „Mein Schoß ist das Nest des Schmetterlings / sobald du das Erzittern seiner Flügel spürst verändert sich dein Gesicht / bietest ihm dei-nen Hauch und deine Küsse / als Abflugrampe".

Dargeboten wird ein persönliches Frauenland, das weit ent-fernt ist von dem Zustand, den Derek Walcott an „Europa" festmacht, die sich von in einem in Stiergestalt verborgenen Zeus entführen lässt: „(…) doch gibst du einmal menschli-cher Geilheit nach, / dann durchschaust du diese Mond-sucht, siehst wer sie / wirklich waren, diese Götter als Zucht-bullen, / als brünstige Schwäne (…)".

Sonia Solarte Orejuela beschwört in ihrer Poesie das persön-liche Frauenland, in dem die Papyri der Liebe beben oder das auf den Regen der Ekstase wartet, doch bar jeder Geilheit. Ein Frauenland, das dem Besucher entgegenfiebert, doch nur auf einen, der willens ist, dieses Territorium als geweihten Boden zu achten. Geweihte Orte sind nur für Auserwählte

propio, tiene que serles extraños. Desde esta perspectiva son los poemas de Sonia Solarte Orejuela religiosos en un sentido profundo aunque sin estar comprometidos con alguna confesión. Los poemas son una ofrenda a alguien y la entrega a una pareja que cumple las reglas acordadas. A la posición de Sonia Solarte Orejuela le es inherente un enérgico rechazo a todas las conductas machistas, que reducen a la mujer a objeto de deseo. En los versos del poeta nicaragüense Ernesto Cardenal se expresa la pérdida del otro de la siguiente manera: "Al perderte yo a ti, tú y yo hemos perdido: / yo, porque tú eras lo que yo más amaba, / y tú, porque yo era el que te amaba más. / Pero de nosotros dos, tú pierdes más que yo: / porque yo podré amar a otras como te amaba a ti, / pero a ti nadie te amará como te amaba yo." El poeta y teólogo Cardenal admite que diferentes mujeres tomen parte de su ofrenda: "porque yo podré amar a otras como te amaba a ti". En cambio Sonia Solarte Orejuela acepta sólo un tú como compañero, para el cual ningún reemplazo es posible. En consecuencia es el llamado "Amor" (en el texto original escrito con mayúscula), el amado, alguien diferente de todas las posibles parejas y al mismo tiempo dios o al menos un ser que se le parece, que cumple lo que Buber piensa cuando él formula: "El ser humano alcanza a través del tú el yo".

Los poemas de Sonia Solarte Orejuela están en su posición muy cerca de la lírica del autor iraní SAID, quien encontró también una nueva patria en Alemania. Con ternura escribe él sobre el amor. En su obra "Sei Nacht zu mir" expresa: "Para mí / es tu boca una orilla suave / atraída hacia mí y sin guardia".

La respuesta de Sonia Solarte Orejuela es: "Tu cuerpo barca blanda / me transporta a la otra orilla de mi ser".

La poesía amorosa de SAID se ubica en la larga tradición oriental de lírica amorosa, que ha pretendido siempre expresar lo aparentemente inexpresable. Ya en la Epopeya de Gilgamesh se encuentran versos en los cuales no podemos echar de menos ninguna falta de claridad: "Ella abrió su vulva, y el tomó / su sensación . / Nada la intimidó, ella sorbió su aliento."

bestimmt, die bereit sind, ihre Aufgabe in entsprechender Demut zu erfüllen. Jede Anmaßung, jeder Eigennutz müsste ihnen fremd sein. In diesem Sinn sind die Gedichte von Sonia Solarte Orejuela im tiefsten Sinn religiös, aber keiner Konfession verpflichtet, sondern nur der Zuwendung zu einem und der Hingabe an einen Partner, der sich an die vereinbarten Spielregeln hält. Der Haltung von Sonia Solarte Orejuela wohnt eine entschiedene Ablehnung alles machohaften Gebarens inne, ist also ein Verurteilen aller männlichen Verhaltensweisen, die Frauen auf Objekte der Begierde reduziert. In den Versen des nicaraguanischen Lyrikers Ernesto Cardenal wird der Verlust des Gegenüber so dargestellt: „Als ich dich verlor, haben wir beide verloren: / ich, weil Du die warst, die ich am meisten liebte, / und Du, weil ich es war, der Dich am meisten liebte. / Doch von uns beiden verlierst Du mehr als ich, / weil ich andere lieben kann, wie ich Dich liebte, / doch Dich wird niemals jemand so sehr lieben wie ich Dich."

Der Lyriker und Theologe Cardenal vermag seine Zuwendung auch anderen Frauen teilhaben zu lassen: „weil ich andere lieben kann, wie ich Dich liebte". Solarte Orejuela hat nur ein einziges Du als Gegenüber, zu dem es keinen Ersatz gibt. Folgerichtig wird daher der Geliebte als „Amor" bezeichnet und im spanischen Original mit großem Anfangsbuchstaben geschrieben, was ihn heraushebt von allen möglichen Partnern und gleichsam zum Gott oder zumindest zu einem gottähnlichen Wesen macht, der das einlöst, was Buber meinte, als er formulierte: „Der Mensch wird am Du zum Ich …"

Die Gedichte von Sonia Solarte Orejuela stehen in ihrer Haltung viel näher der Lyrik des aus dem Iran stammenden Autors SAID, der ebenfalls in Deutschland eine neue Heimat gefunden hat. Zärtlich schreibt er über die Liebe. In seiner Sammlung „Sei Nacht zu mir" steht: „Für mich / ist dein Mund ein sanftes Ufer / nahgespült und unbewacht".

Die Antwort von Sonia Solarte Orejuela lautet: „Dein Körper ein weicher Kahn / bringt mich an das andere Ufer meines Wesens".

Die Liebeslyrik von SAID steht in der langen orientalischen Tradition, die es immer wieder verstanden hat, das scheinbar Unaussprechliche auszusprechen. Schon im Gilgameschepos finden sich Verse, die nichts an Deutlichkeit vermissen lassen: „Sie öffnete ihre Scham, und er nahm ihre Reize. /

El equivalente en la poesía de Sonia Solarte Orejuela es: "Posa en mí tu estertor de hombre / que abatan tus flancos mis portillos / y tu cuerpo sea fuente de mansedumbre / oficiando los ritos de Amor".

En "El cantar de de los cantares" (1,3) obra atribuida al rey Salomón, encontramos: "A más del olor de tus suaves unguentos, / Tu nombre es como ungüento derramado".

Sonia Solarte Orejuela nos habla también sobre el aroma que esparce el cuerpo excitado y el efecto embriagador del mismo: "La rosa del deseo perfuma mi cuerpo / te embriaga con humores primaverales"; "Tu olor me embriaga en esta comarca que inventamos para jugar a solas"; "No tenías más destino con flores / que el olor de mi cuerpo".

El autor Fais al-Hamdani (1968) conjura en su "Rezo Sumerio" la fuerza de superación que otorga el amor: "Antes que despertara el silencio, / antes que el tiempo soñara el espacio, / antes que la realidad asumiera la bandera del luto, / era la tierra un capullo en la palabra / y buscaba el cielo su color eterno. / Todo estaba acabado desde el comienzo, / mientras tú parada en la otra orilla del destino / pintabas una sonrisa en sus labios."

Una comunión que permite pintar una sonrisa sobre los labios del destino, facilita resolver los desafíos que cada uno tiene que superar en los caminos de la vida. Sonia Solarte Orejuela va todavía más allá, al elegir una imagen, que está en directa relación con el título del libro "Vuelta al Edén": " nadie puso en mis labios tanta dulzura / ni mitigó en un abrazo /con sólo un gesto / la orfandad de las tumbas / y los duelos aún no deshechos / Los jardines que recorrimos / seguirán siendo entonces / sólo tuyos".

En la memoria se asocian los jardines recorridos inseparablemente con un tú, algo que (al menos temporalmente) se percibe como una vuelta al edén, en el cual pareciera que toda las dificultades y tribulaciones en la tierra han sido superadas.

Uno podría preguntarse por qué en un prólogo para una obra de la poeta colombiana Sonia Solarte Orejuela se mencionan mayoritariamente apartes de textos del oriente y solamente pocas muestras de autores latinoamericanos.

Nicht schreckte sie zurück, seinen Atem nahm sie hin."

Die Entsprechung von Sonia Solarte Orejuela: „Auf mir ruht dein männliches Seufzen / da deine Lende meine Durchgänge aufreißt / damit dein Leib zur Quelle der Sanftmut werde".

In dem König Salomo zugeschriebenen Hoheslied (1,3) heißt es: „an Duft lieblich deine Salben; dein Name ist glättendes Öl."

Sonia Solarte Orejuela spricht auch über den Duft, der dem erregten Körper entsteigt und den freudentrunken machenden Effekt desselben: „Die Rose der Lust lässt meinen Körper herrlich duften / berauscht dich mit Frühlingslaunen"; „Dein Geruch berauscht mich an diesem Ort den wir erfanden um untereinander zu spielen"; „Kein weiteres Ziel mit Blumen hattest du / als den Duft meines Körpers".

Der 1968 geborene Fais Yaakub al-Hamdani beschwor in seinem „Sumerischen Gebet" die Kraft zur Lebensbewältigung, die aus der Liebe wächst: „Bevor das Schweigen erwachte, / bevor die Zeit vom Raum träumte, / bevor die Wirklichkeit die Fahne der Trauer nahm, / war die Erde eine Knospe im Wort / und suchte der Himmel seine ewige Farbe. / Alles war vom Anfang erfüllt, / während du am anderen Ufer des Schicksal standest / und auf seine Lippen ein Lächeln maltest."

Eine Gemeinsamkeit, die auf die Lippen des Schicksals ein Lächeln zu malen versteht, erleichtert die Herausforderungen, die jeder in der Bewältigung seines Lebensweges zu bestehen hat. Sonia Solarte Orejuela geht noch einen Schritt weiter, indem sie folgendes Bild wählt, das im direkten Bezug auf den Titel des Buches „Rückkehr ins Paradies" steht: „niemand legte so viel Zärtlichkeit auf meine Lippen / oder löschte in einer Umarmung / mit einer einzigen Geste / das Waisentum der Gräber / und der noch nicht aufgelösten Trauer / deswegen werden die Gärten die wir durchwanderten / immerfort nur deine sein".

In der Erinnerung verbinden sich die durchwanderten Gärten untrennbar mit einem Du, was als eine (zumindest temporäre) Rückkehr ins Paradies empfunden wird, in dem die Erdschwere und alle Drangsal aufgehoben scheint.

Man mag sich fragen, warum in einem Geleitwort für ein Werk der kolumbianischen Lyrikerin Sonia Solarte Orejuela

La respuesta es a la par sencilla y difícil: ¿Hay una reconciliación entre culturas o son éstas concebibles como contrarios irreconciliables? Sin duda tiende el amor a superar toda las oposiciones que comunmente son validadas como incompatibles. Si tomamos en serio la siguiente afirmación de Ruth Klüger – uno haría bien en hacerlo –, aparece lo dicho hasta ahora bajo una otra visión de conjunto: "Una dádiva al mundo es el intelecto. Así como el amor es una dádiva semejante. El intelecto es entonces de igual valor que el amor. Simplemente el mundo también tiene que volverse hacia ti."

En la entrega desaparecen los contrarios y se unen complementándose. Esto es válido no solamente en lo que respecta a la relación de un ser humano con otro, sino también para el mundo y las culturas entre ellas.Como apéndice decir: Eros o Amor era tenido ya en la antigüedad como el principio regulador de la violencia primitiva creadora desatada por el caos. Eros/Amor es el poder del centro entre el mundo subterráneo y el mundo, entre Dios y los seres humanos y es la condición fundamental para los seres que buscan la verdad. Para encontrar la verdad, se necesita la ofrenda, la complementariedad y la fuerza creadora. La búsqueda es fatigosa. La ayuda desinteresada convierte a un ser humano para otro en una patria, algo que se puede considerar como una vuelta al paraíso: El amor unifica el yo con el tú de un otro y conduce a una experiencia conjunta del nosotros. Este es el jardín del edén, en el cual el amor no parte de la ambición sino de una aspiración y en el cual coinciden meta y causa.

En las palabras de la poeta Sonia Solarte Orejuela se esconde una propuesta para el futuro de todos los seres humanos independientemente de su procedencia : "Nos ata un divagar entre sombras sin venganza / el trajinar con la esperanza / el furtivo aletear de las nubes que amparan nuestro cielo". Algo que se puede entender como una exhortación a la acción propia.

Traducción del alemán: Sonia Solarte Orejuela

vorwiegend Textstellen aus dem Orient in den Zeugenstand gerufen werden und nur wenige Proben lateinamerikanischer Autoren. Die Antwort ist so einfach wie schwierig: Gibt es eine Versöhnung zwischen den Kulturen oder sind diese als unversöhnliche Gegensätze zu begreifen? Zweifellos vermag die Liebe jene Gegensätze zu überwinden, die schlechthin als unversöhnbar gelten. Wird die folgende Feststellung von Ruth Klüger ernst genommen – man täte gut daran, das zu tun –, erscheint das bisher Gesagte, in einem anderen zusammenfassenden Licht: „Eine Zuwendung zur Welt ist der Verstand. So wie die Liebe eine solche Zuwendung ist. Der Verstand ist also so viel wert wie die Liebe. Nur muss sich dir die Welt auch zuwenden."

In der Zuwendung schwinden Gegensätze und verschmelzen zur Ergänzung.

Das gilt nicht nur für die Beziehung eines Menschen zum anderen, sondern auch für die Welt und die Kulturen zueinander. Ergänzend gesagt: Eros oder Amor galt bereits in der Antike als das erste ordnende Prinzip, für die aus dem Chaos sich lösende schöpferische Urgewalt. Eros / Amor ist die Macht der Mitte zwischen Weltengrund und Welt, zwischen Gott und Mensch und ist die Grundvoraussetzung des nach Wahrheit suchenden Menschen. Um die Wahrheit zu finden, braucht es die Zuwendung, die Ergänzung und die schöpferische Kraft. Die Suche ist beschwerlich. Selbstlose Hilfe vermag einen Menschen für den anderen zu jener Heimat zu machen, die als Rückkehr ins Paradies zu bewerten ist: Die einigende Liebe eines Ichs zum Du des anderen führt zum gemeinsam erlebten Wir. Das ist der Garten Eden, in dem Liebe nicht vom Strebenden, sondern vom Erstrebten ausgeht und Ziel und Ursache zusammenfallen.

In den Worten der Lyrikerin Sonia Solarte Orejuela versteckt sich eine Zukunftsoption für alle Menschen ungeachtet ihrer Herkunft: „Uns bindet ein Wandeln im rachelosen Schatten / der Umgang mit der Hoffnung / der heimliche Flügelschlag der Wolken die unseren Himmel beschützen". Das ist auch als Auftrag zum eigenen Handeln zu verstehen.

SONIA SOLARTE OREJUELA
nació 1959 en Cali, Colombia; poeta, psicoterapeuta y cantante; vive desde 1988 en Berlín. 1991 fundó el Taller de Literatura y Escritura "Cantos de Flores", que coordina desde entonces. Desde 1991 trabaja en la coordinación cultural en el "Centro Intercultural de Mujeres S.U.S.I." ; planeo y coordinó la realización del "I. Encuentro Internacional de Talleres de Literatura y Escritura: El Placer de Escribir" (Berlín, Haus der Kulturen der Welt, Octubre 1994). Desde 1991 canta en la "Orquesta Burundanga", primera orquesta de salsa de mujeres en Berlín. 1995 fue puesta en escena bajo el título de "La Travesía" una selección de sus poemas.

1999 recibió diploma de honor en el "IV. Concurso Internacional de Poesía Antonio Machado" in Collioure (Francia) por su obra "Conmemoración de la Ausencia". 2008 se le concedió el Premio Internacional de Poesia Ars Maris in Reghin, Rumania.

Numerosas publicaciones en revistas, periódicos y antologías de diversos países. Obras publicadas en español: "Para que el olvido no te toque" (1990), "Mundo Papel" (1996), Conmemoración de la Ausencia" (1996). En el 2006 fue publicada la obra "Mundo Papel" en edición bilingüe (español, alemán).

CLAUDIA JÄGER
Nació el año 1970 en Vorau (Austria). 1987 – 1992 formación en la escuela de Moda Hetzerdorf (Viena). Desde 1996 se dedica exclusivamente a las artes plásticas. Vive en Oberwart y trabaja en su taller abierto en el año 2006 en Mariasdorf. Exposiciones en el país y en el exterior (entre otras en Berlín, Duisburg, Graz, Innsbruck, Kószeg, Milán, Mannheim, Salzburgo y Viena.

SONIA SOLARTE OREJUELA
Sonia Solarte Orejuela, geb. 1959 in Cali / Kolumbien. Lyrikerin, Psychotherapeutin und Sängerin; lebt seit 1988 in Berlin; ist Mitbegründerin der Literatur- und Schreibwerkstatt „Cantos de Flores" (Blumengesänge) im Jahr 1991 und leitet diese bis heute, ist als Koordinatorin für Kultur im Interkulturellen Frauenzentrum S.U.S.I. tätig; initiierte und koordinierte im Oktober 1994 die „I. Internationale Begegnung von Literatur und Schreibwerkstätten: Die Lust am Schreiben" (Haus der Kulturen der Welt, Berlin,) ist Leadsängerin des „Orquesta Burundanga", der ersten Frauen-Salsa-Band in Berlin. 1995 wurden Gedichte von ihr szenisch unter dem Titel „Die Seereise" umgesetzt. 1999 wurde sie beim „IV. Internationalen Wettbewerb für Poesie Antonio Machado" in Collioure (Frankreich) für das Werk „ Conmemoración de la Ausencia " ausgezeichnet.

2008 Internationaler Preis für Poesie „Ars Maris" in Reghin, Rumänien.

Zahlreiche Veröffentlichungen in Literaturzeitschriften, Zeitungen und Anthologien.

Bisher erschienene Gedichtbände auf Spanisch:

„Para que el olvido no te toque" (1990); „Mundo Papel" (1996); „Conmemoración de la Ausencia" (1999). 2006 wurde die zweisprachige Ausgabe„Mundo Papel/Papierwelt" veröffentlicht.

CLAUDIA JÄGER
geboren 1970 in Vorau (Österreich), 1987–1992 Ausbildung an der Modeschule Hetzendorf (Wien); seit 1996 ausschließlich als bildende Künstlerin tätig; lebt in Oberwart und arbeitet in ihrem 2006 eröffneten Atelier in Mariasdorf. Ausstellungen im In- und Ausland (u. a. in Berlin, Duisburg, Graz, Innsbruck, Köszeg, Mailand, Mannheim, Salzburg und Wien).

plattⵝform Johannes Martinek Verlag
A-2380 Perchtoldsdorf, Herzogbergstraße 210

ISBN 978-3-9502885-1-3

Satz Layout: Ing. Peter Ernst Grafisches Design Satz + Bild,
Weinbergweg 17, 2440 Gramatneusiedl.